QUIERO SER

Enfermero

DAN LIEBMAN

FIREFLY BOOKS

A FIREFLY BOOK

Editado por Firefly Books Ltd. 2001

Primera impresión

Cataloguing in Publication Data available.

Liebman, Daniel
Quiero ser enfermero

ISBN 1-55209-568-1 (cubierta rígida)
ISBN 1-55209-566-5 (cubierta flexible)

Editado en Canadá en 2001 por
Firefly Books Ltd.
3680 Victoria Park Avenue
Willowdale, Ontario, Canada
M2H 3K1

Editado en los Estados Unidos. en 2001 por
Firefly Books (U.S.) Inc.
P.O. Box 1338, Ellicott Station
Buffalo, New York, USA
14205

Photo Credits

© First Light/Simon Murrel, front cover
© First Light/Melanie Carr, p. 15
© Al Harvey, p. 22
© First Light/Rob Lewine, p. 23
© Julian Calder/Stone, p. 5
© David Hanover/Stone, p. 6
© Charles Thatcher/Stone, p. 8
© Elie Bernager/Stone, p. 11
© Jonathan Selig/Stone, pp. 12-13
© Stone, p. 14
© Berwyn MRI Center/David Joel/Stone, pages 18-19
© David Joel/Stone, pp. 18-19
© CORBIS/Jennie Woodcock, p. 7
© CORBIS/Jacques M. Chenet, p. 16
© CORBIS/Ed Young, p. 17
© CORBIS/Stephanie Maze, pp. 20-21
© CORBIS/Ted Spiegel, p. 24
© Photodisc, pp. 9, 10, back cover

Diseño gráfico por Interrobang Graphic Design Inc.
Impreso y encuadernado en Canadá por Friesens, Altona, Manitoba

Los editores agradecen la asistencia financiera del Gobierno de Canadá para sus actividades de edición, a través del Programa de Ayuda para el Desarrollo de la Industria de la Edición.

Esta enfermera disfruta de su trabajo. Cuida a los enfermos y ayuda a la gente a mantenerse sana.

Muchos enfermeros trabajan en hospitales. Los médicos y enfermeros trabajan juntos.

Una enfermera recibe a un paciente y a sus amiguitos.

Las estaciones de enfermería son lugares donde hay mucha actividad.

Sin importar cuán ocupados estén los enfermeros ayudan a los pacientes a sentirse cómodos. ¡Una sonrisa siempre reconforta!

Este enfermero trabaja en el consultorio de un médico.

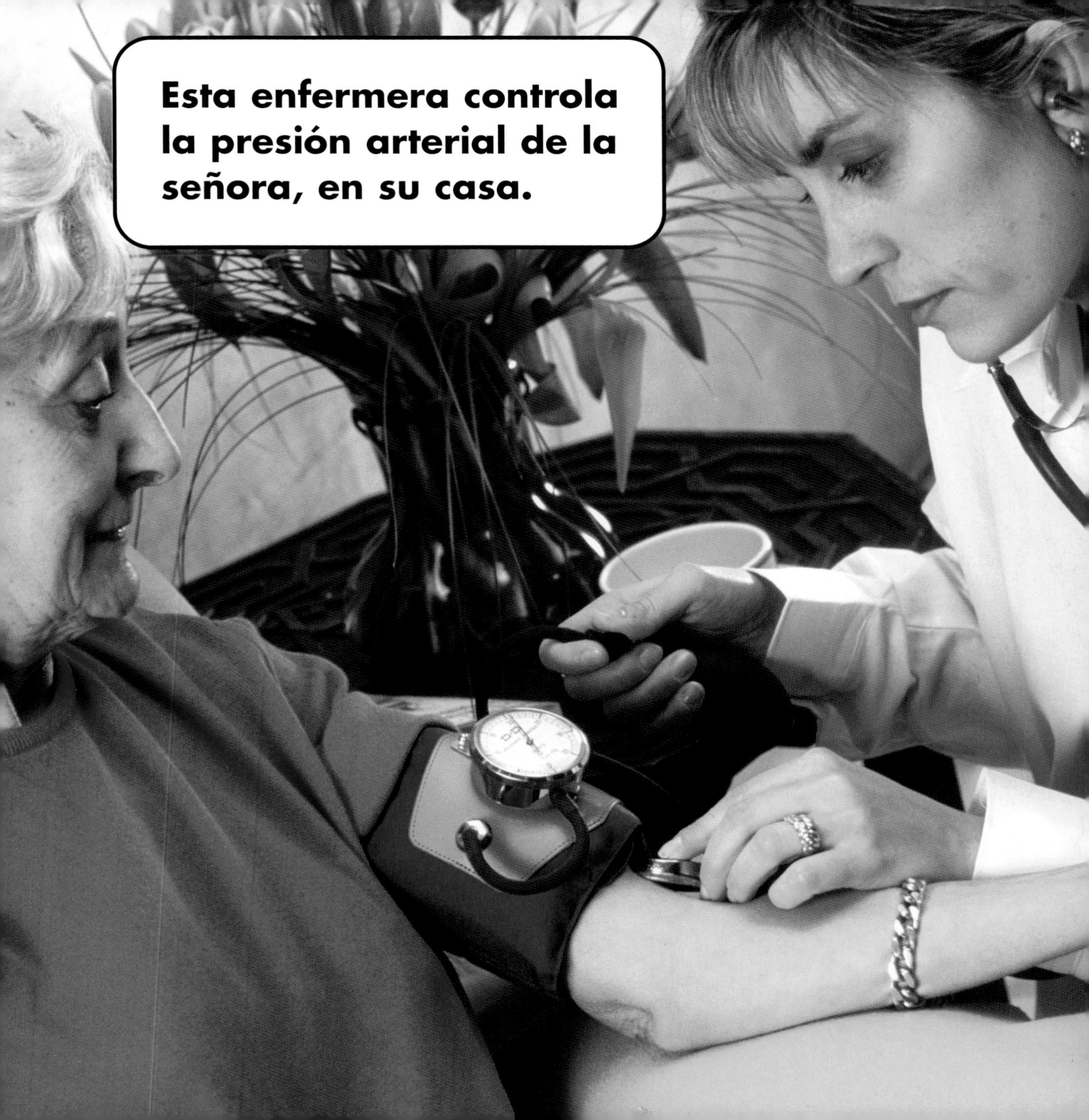

Esta enfermera controla la presión arterial de la señora, en su casa.

Siempre habrá una enfermera en la sala junto al bebé hasta que se mejore. Una de las tareas importantes de los enfermeros es llevar los registros.

JAN ARONSON, R.N.
ICU

Las enfermeras ayudan a los pacientes, aun cuando trabajan solas

Las enfermeras aprenden a usar máquinas especiales para controlar la salud de los pacientes.

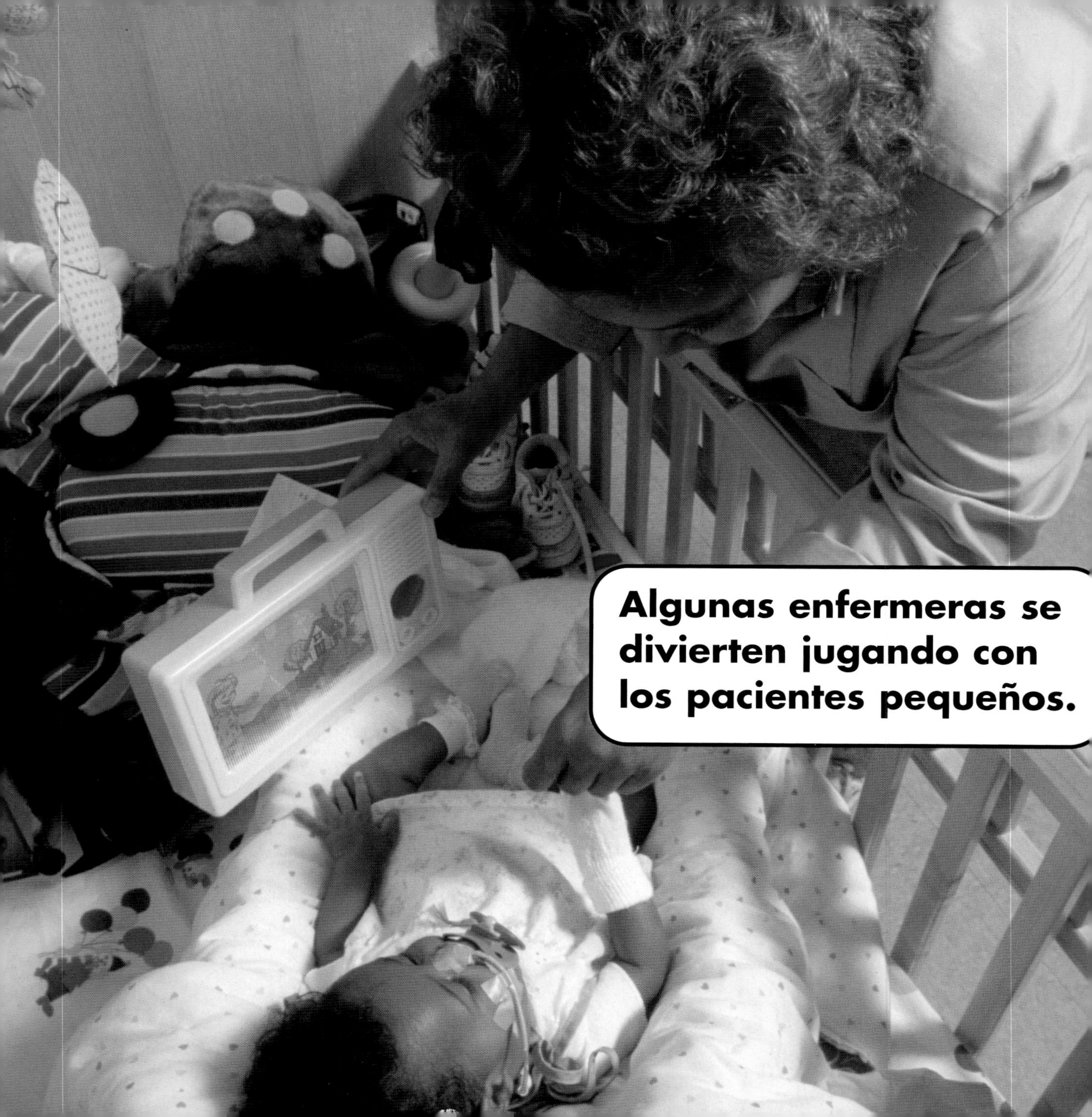

Algunas enfermeras se divierten jugando con los pacientes pequeños.

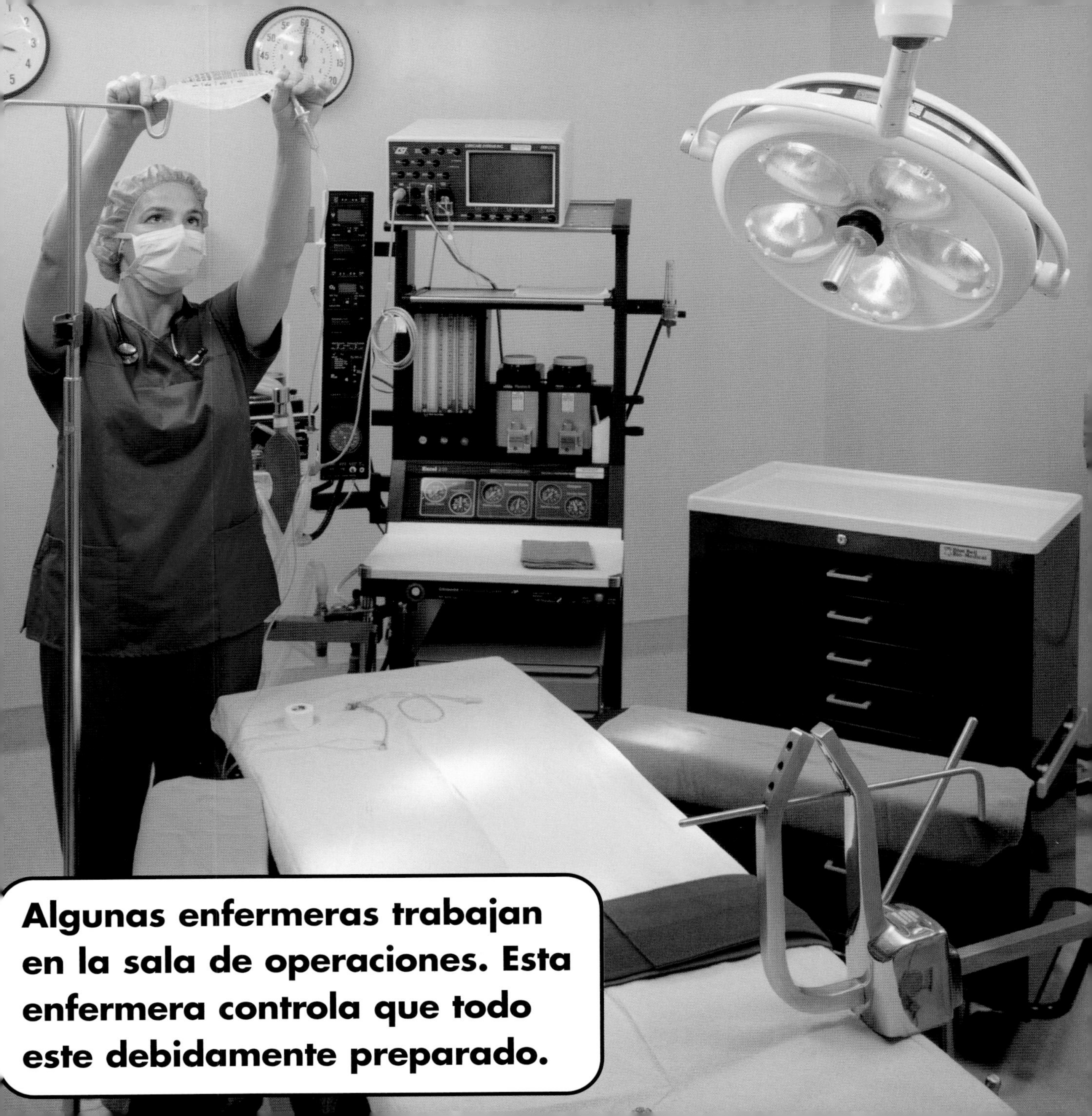

Algunas enfermeras trabajan en la sala de operaciones. Esta enfermera controla que todo este debidamente preparado.

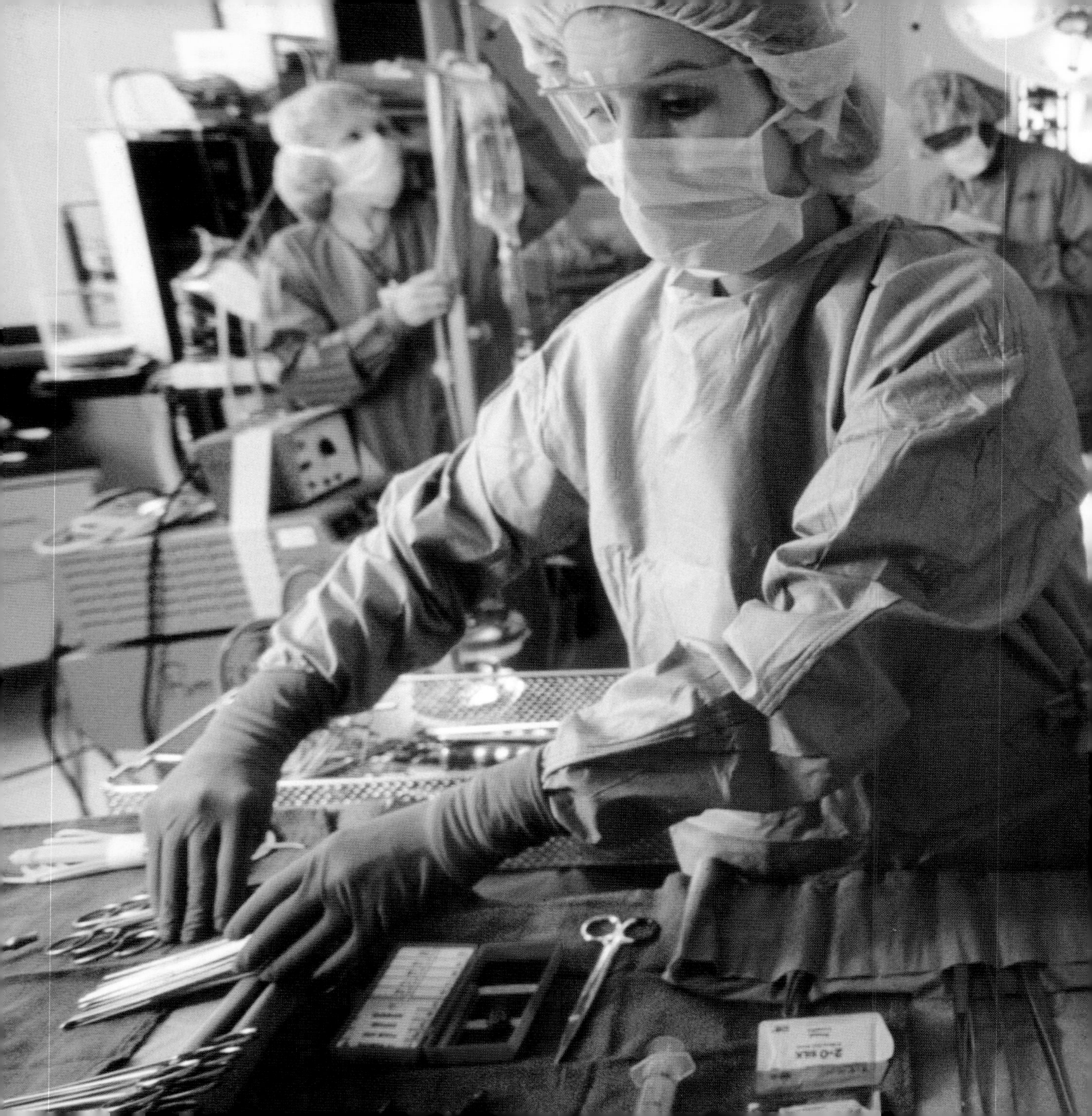

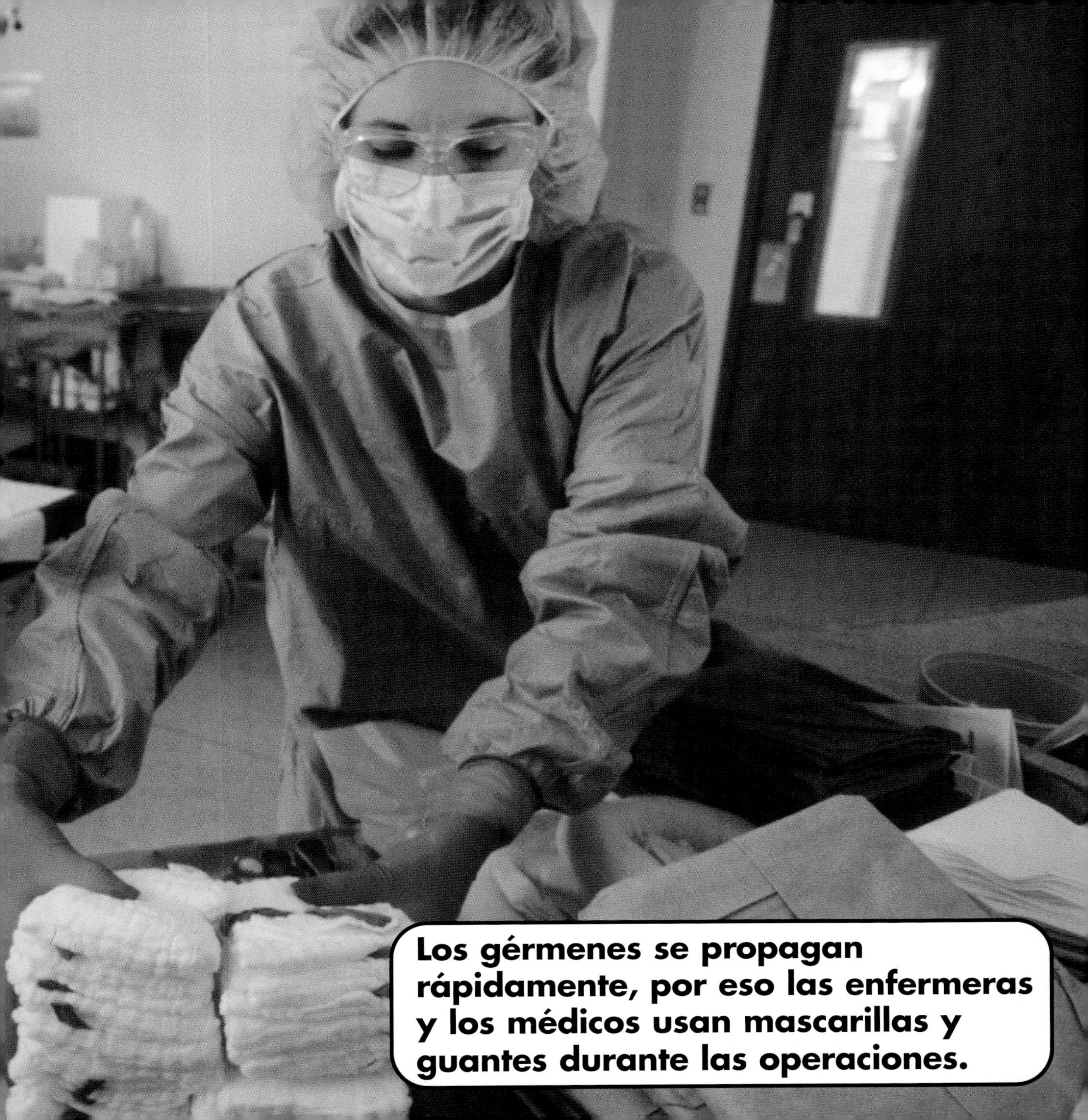

Los gérmenes se propagan rápidamente, por eso las enfermeras y los médicos usan mascarillas y guantes durante las operaciones.

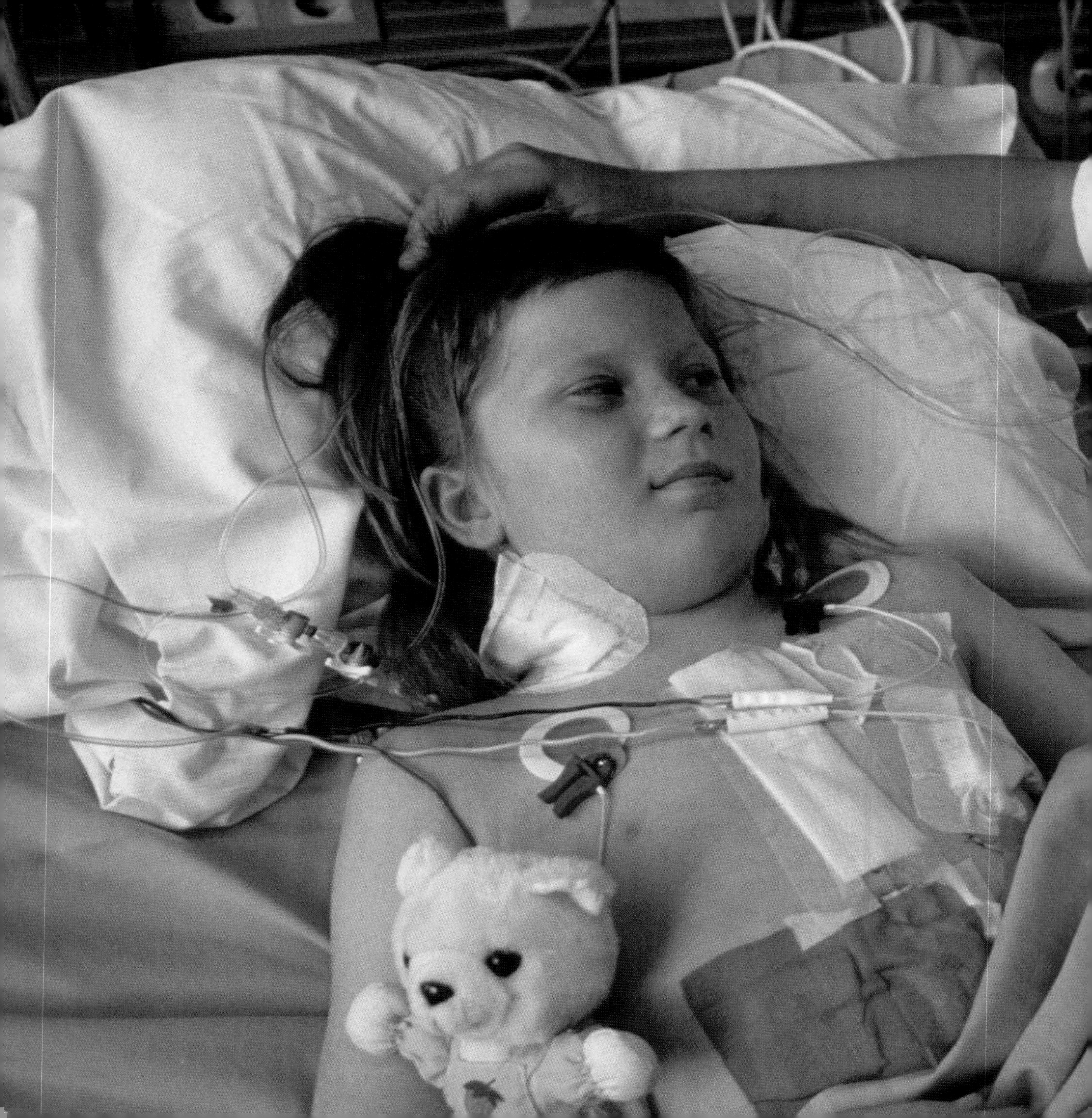

La operación ya terminó y esta niña pronto se sentirá mucho mejor.

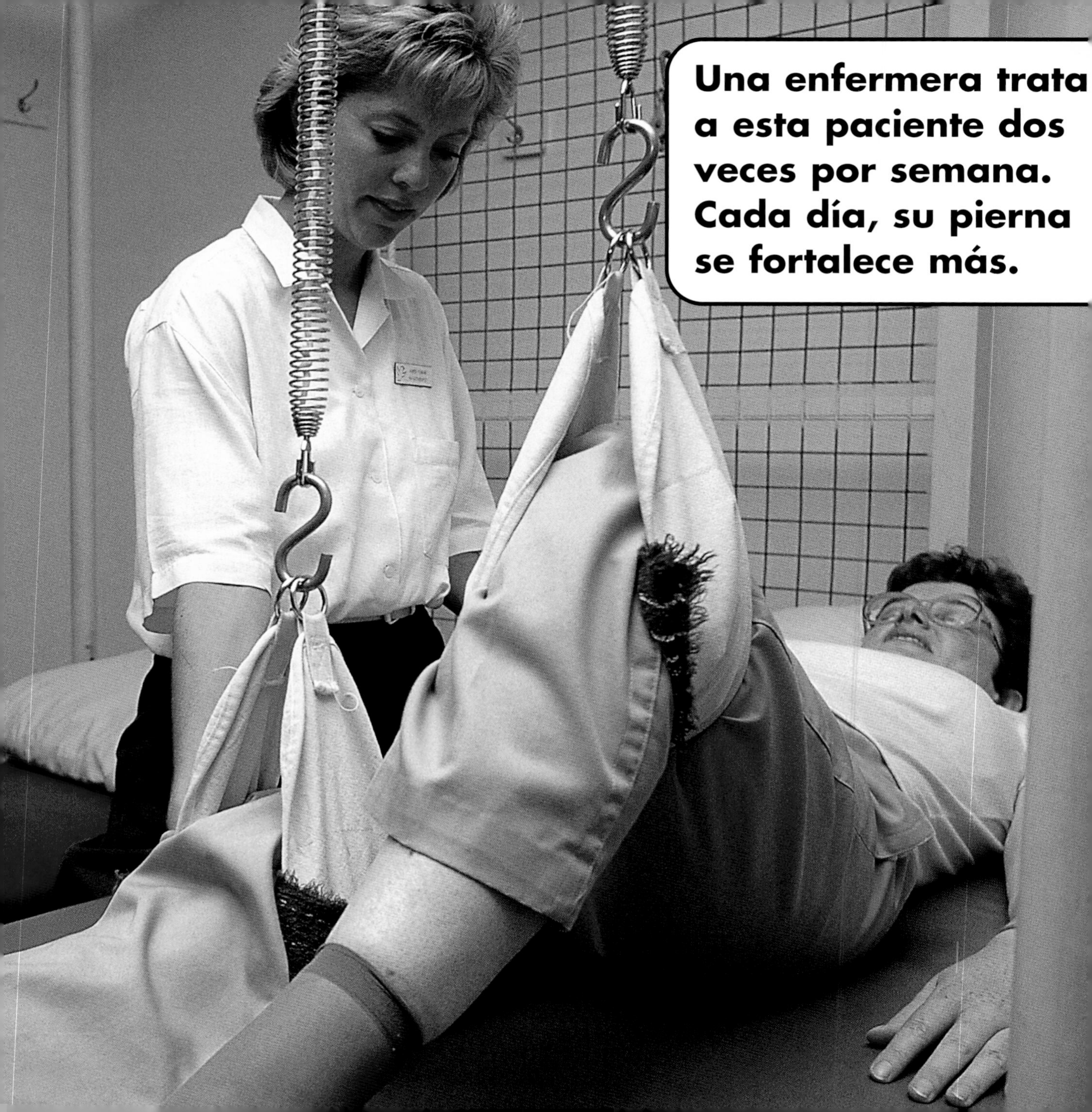

Una enfermera trata a esta paciente dos veces por semana. Cada día, su pierna se fortalece más.

Esta enfermera tiene buenas noticias. Mañana, el paciente podrá irse a casa.

Una gran sonrisa ayuda a aliviar el trabajo de la enfermera.